wǒ ài wǒ

我爱我的家

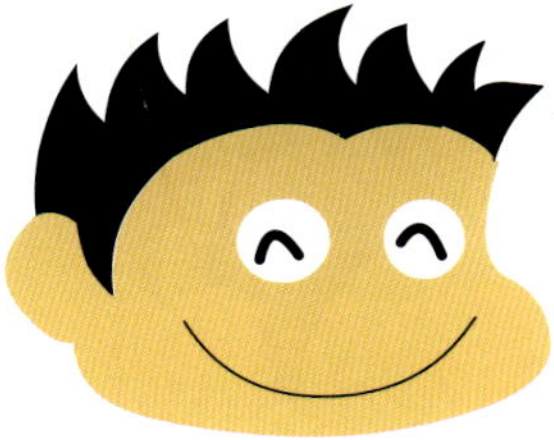

大华风采有限公司出版发行

www.BetterChinese.com

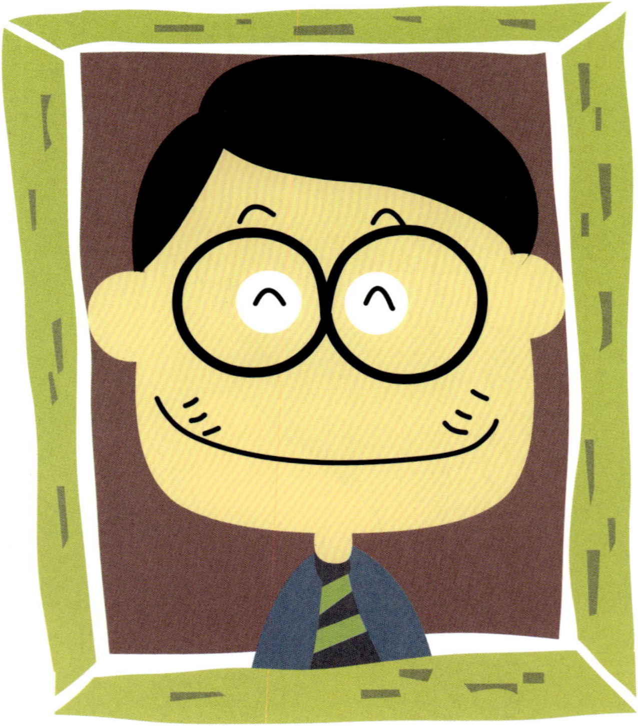

wǒ ài wǒ de bà ba
我爱我的爸爸。

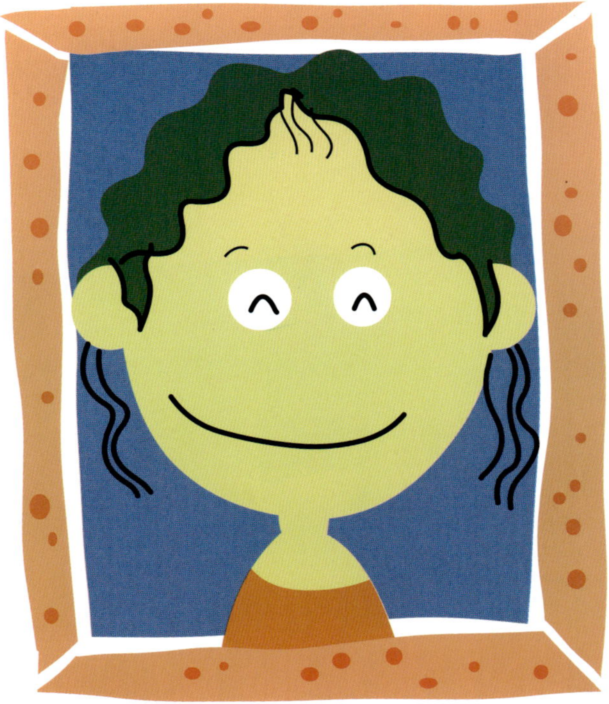

mā ma
我爱我的妈妈。

3

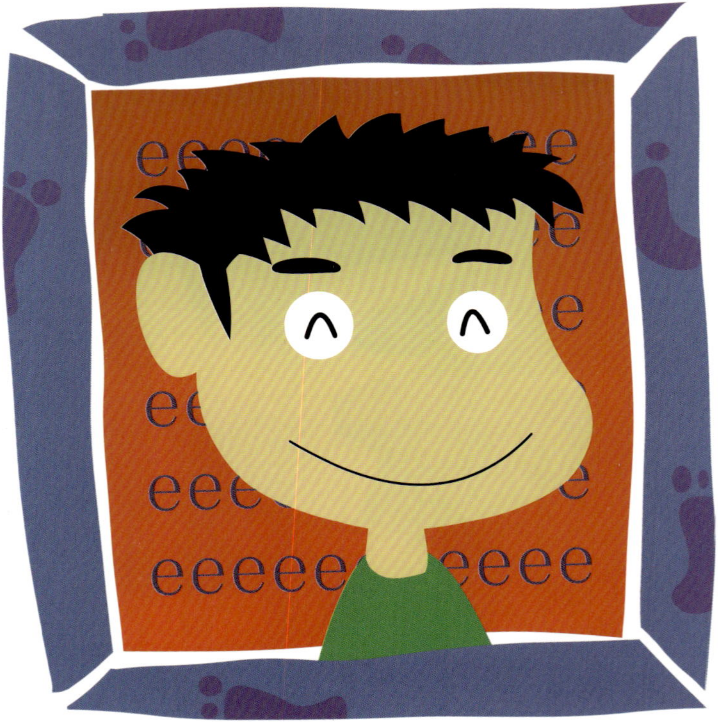

gē ge

我爱我的哥哥。

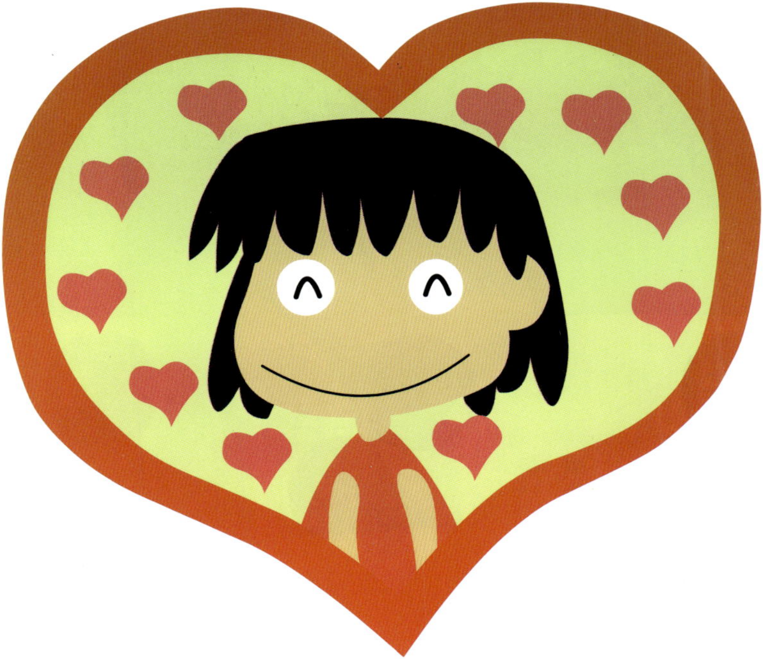

jiě jie

我爱我的姐姐。

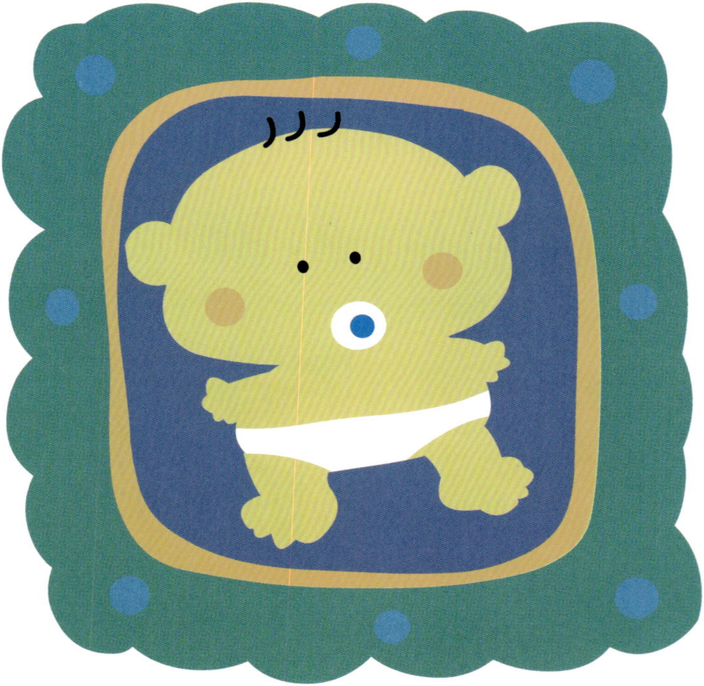

dì di

我爱我的弟弟。

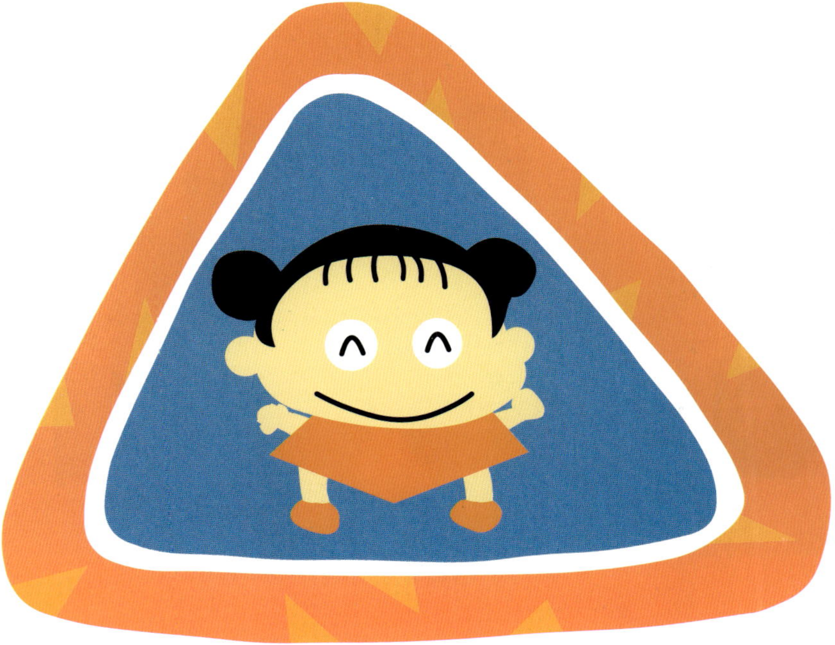

mèi mei

我爱我的妹妹。

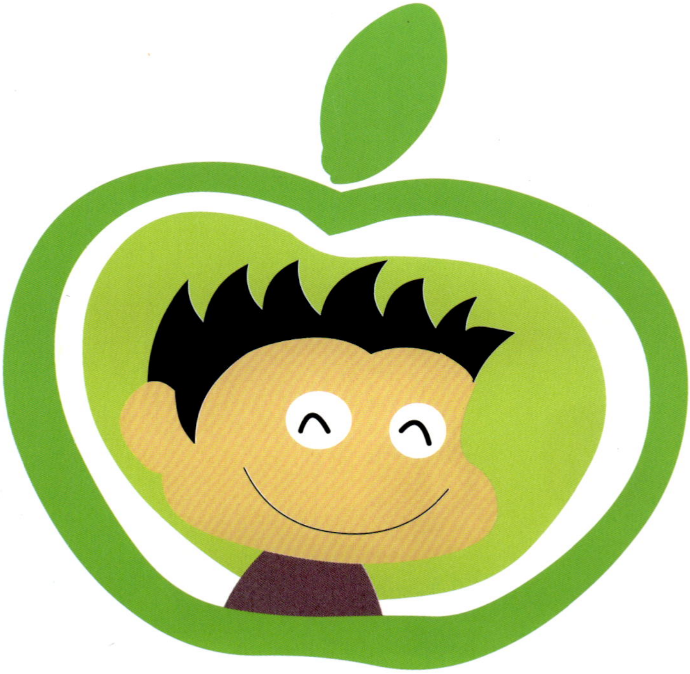

zì jǐ
我爱我自己。